بسم الله الرحمن الرحيم

Huwaydâ Ismâ'îl

10 PRÉTEXTES POUR NE PAS PORTER LE HIJÂB

Al-Hadîth
éditions

Titre original : *Wa man yamna'uki min al-Hijâb ?*

Auteur : *Huwaydâ Ismâ'îl*

Traducteur : *Département des traductions*

ISBN : 978-2-930395-70-8
Dépôt légal : D/2009/9820/32

CECJ - 100, rue de la Limite - 1210 Bruxelles
Tél 0032 2 223 78 90 - 2 219 64 71
Fax 0032 2 223 58 88
E-mail : daralhadith@hotmail.com
web : www.hadithedditions.com

TRANSCRIPTION

Arabe	Français	Exemple	Phonétique
ء	’	مُؤْمِنٌ	*mu’min*
ب	b	بَرَكَةٌ	*baraka*
ت	t	تَفْسِيرٌ	*tafsîr*
ث	th	ثَوَابٌ	*thawâb*
ج	j	جَنَّةٌ	*janna*
ح	h̲	حَيَاءٌ	*h̲ayâ’*
خ	kh	خَيْرٌ	*khayr*
د	d	دِينٌ	*dîn*
ذ	dh	ذِكْرٌ	*dhikr*
ر	r	رَحْمَةٌ	*rah̲ma*
ز	z	زَكَاةٌ	*zakât*
س	s	سُنَّةٌ	*sunna*
ش	sh	شَهَادَةٌ	*shahâda*
ص	s̲	صَلاَةٌ	*s̲alât*

Arabe	Français	Exemple	Phonétique
ض	d̲	ضَرُورَةٌ	*d̲arûra*
ط	t̲	طَهَارَةٌ	*t̲ahâra*
ظ	z̲	ظُلْمٌ	*z̲ulm*
ع	‘	عَدْلٌ	*‘adl*
غ	gh	غُفْرَانٌ	*ghufrân*
ف	f	فِقْهٌ	*fiqh*
ق	q	قُرْءَانٌ	*qur’ân*
ك	k	كِتَابٌ	*kitâb*
ل	l	لِسَانٌ	*lisân*
م	m	مَسْجِدٌ	*masjid*
ن	n	نَبِيٌّ	*nabî*
ه	h	هُدَى	*hudâ*
و	w	وُضُوءٌ	*wud̲û’*
ي	y	يُسْرٌ	*yusr*

Les voyelles longues :
ا – â
و – û
ي – î

Nous rendons les voyelles longues ا et ى par â, و par û et ي par î. Nous ne transcrivons pas le *hamza* (ء) initial. Nous ne transcrivons pas le ة sauf à la fin des mots en état construit. Après â, nous le transformons en t.

ABRÉVIATIONS

H. : Hégire
p. : page
t. : tome
[ ] : ajout du traducteur
NDT : note du traducteur

Je suis encore trop jeune pour le Hijâb. Quand je serai plus âgée ou après le mariage…

VS

﴾ Quand leur terme [la mort] vient, ils ne peuvent le retarder d'une heure ni le hâter ﴿

Coran, *al-A'râf* : 34

Je loue Allah comme il convient à la splendeur de Sa Face et à l'éminence de Son pouvoir. Je prie sur Son noble Messager qui a indiqué le chemin menant Son agrément et à Son Paradis, et je le salue.

Ce chemin est droit, la vertu l'entoure de toutes parts. Il est imprégné de la senteur du bon comportement. La parure de la pureté, de la discrétion et de la pudeur l'embellit.

Un chemin menant l'homme et la femme aux portes de la sérénité et du bonheur ici-bas et dans l'au-delà…

C'est ainsi que le Maître ﷺ a imposé le *Hijâb*[1] à la femme, pour préserver sa chasteté,

---

1 *Hijâb* : littéralement, ce qui recouvre. Dans la jurisprudence islamique, ce terme désigne la tenue vestimentaire qui recouvre la femme musulmane, conformément aux préceptes de l'Islam , voire l'attitude même de la Musulmane, empreinte de respect de soi et d'autrui, de dignité et de pudeur. Ce terme ne se limite pas uniquement au simple foulard que la femme

protéger son honneur et comme témoignage de sa foi.

Dès lors, toute société qui s'écarte de la voie d'Allah et dévie de Son droit chemin, est une société malade qui a besoin du remède qui la mènera à la guérison et au bonheur.

Un signe montrant que la société s'est écartée de cette voie et illustrant – avec précision – l'ampleur de sa dérive et de sa dépravation, est la propagation du phénomène des jeunes femmes qui se découvrent et étalent leurs charmes.

Cependant, force est de constater que ce phénomène fait désormais partie des caractéristiques de la société musulmane, bien que le vêtement islamique y soit répandu.

---

porte sur la tête, comme il est généralement admis auprès de la majorité des gens. C'est la raison pour laquelle nous avons volontairement retranscrit le mot *Hijâb* tel quel, au lieu de le traduire par « voile » ou « foulard », évitant ainsi *in shâ'a Allâh* toute confusion ou équivoque. NDT.

Quels sont donc les facteurs qui ont entraîné cette dérive ?

En réponse à cette question que nous avons posée à différentes catégories de jeunes femmes, dix raisons principales ressortent. En les passant au crible et en les examinant, nous nous sommes rendu compte combien ces prétextes sont piètres !

Sœur musulmane, parcourons ensemble ces lignes pour découvrir les raisons pour lesquelles on renonce au *Hijâb* et discutons de chacune d'elles séparément.

Premier prétexte

Je ne suis pas encore convaincue de l'obligation du *Hijâb*.

Nous poserons deux questions :

la première : es-tu convaincue à la base du bien-fondé de la religion musulmane ?

La réponse sera évidemment :

« *Oui, je le suis !* »

En effet, dire « *Lâ ilâha illâ Allâh* » (nulle divinité si ce n'est Allah), indique qu'on est convaincu de la croyance. Dire aussi « *Muhammad rasûlu Llâh* » (Muhammad est le Messager d'Allah), témoigne qu'on est convaincu de la charia.

Tu es donc convaincue de l'Islam en tant que croyance, loi canonique et mode de vie.

La seconde question est : le *Hijâb* fait-il partie de la Loi et des obligations de l'Islam ?

Si tu es sincère et que tu te penches sur la question en voulant trouver la vérité, tu répondras par l'affirmative. En effet, Allah ﷻ, dont nous attestons la divinité, a ordonné de porter le *Hijâb* dans Son Livre. De même, le noble Envoyé ﷺ, au message duquel nous croyons, l'a ordonné dans sa *Sunna* !

Comment désigner celle qui est convaincue du bien-fondé de l'Islam, mais ne se soumet pas à l'injonction d'Allah ﷻ et de Son noble Messager ﷺ ?

En tout cas, elle ne sera pas de ceux dont Allah ﷻ dit :

إِنَّمَا كَانَ قَوْلَ ٱلْمُؤْمِنِينَ إِذَا دُعُوٓا۟ إِلَى ٱللَّهِ
وَرَسُولِهِۦ لِيَحْكُمَ بَيْنَهُمْ أَن يَقُولُوا۟
سَمِعْنَا وَأَطَعْنَا ۚ وَأُو۟لَٰٓئِكَ هُمُ ٱلْمُفْلِحُونَ

« La seule parole des croyants, quand on les appelle vers Allah et Son Messager, pour que celui-ci juge parmi eux, est : « *Nous avons entendu et nous avons obéi* ». *Voilà ceux qui réussissent*》

Coran, *al-Nûr* : 51

En somme, si une telle sœur est convaincue de l'Islam, comment peut-elle ne pas être convaincue de ses obligations ?

Deuxième prétexte

La tenue vestimentaire islamique est obligatoire mais ma mère m'interdit de la porter. Si je lui désobéis, j'irai en Enfer !

Le meilleur des hommes, le Messager d'Allah ﷺ, a répondu à ce prétexte par une courte et sage parole:

لاَ طَاعَةَ لِمَخْلُوقٍ فِي مَعْصِيَةِ الْخَالِقِ

« *Nulle obéissance à une créature dans la désobéissance au Créateur*[1] ».

Le statut des parents en Islam – et celui de la mère en particulier – est éminent et considérable. Allah ﷻ l'a même associé dans de nombreux versets à ce qu'il y a de plus important – à savoir Son adoration et Son Unicité – en disant :

---

1 Jugé authentique par al-Albânî dans Sahîh al-Jâmi' al-Saghîr, n°7520. NDT

وَٱعْبُدُواْ ٱللَّهَ وَلَا تُشْرِكُواْ بِهِۦ شَيْـًٔا وَبِٱلْوَٰلِدَيْنِ إِحْسَـٰنًا

﴾Adorez Allah, ne Lui associez rien et agissez avec bonté envers les père et mère﴿

Coran, *al-Nisâ'* : 36

En fait, l'obéissance aux parents n'est restreinte que par une seule chose : qu'ils ordonnent de désobéir à Allah.

Allah ﷻ dit :

وَإِن جَـٰهَدَاكَ عَلَىٰٓ أَن تُشْرِكَ بِى مَا لَيْسَ لَكَ بِهِۦ عِلْمٌ فَلَا تُطِعْهُمَا

﴾Et si tous deux te forcent à M'associer ce dont tu n'as aucune connaissance, ne leur obéis pas﴿

Coran, *Luqmân* : 15

Cependant, ne pas leur obéir dans la désobéissance à Allah n'empêche aucunement d'agir avec bienfaisance et bonté à leur égard.

Allah ﷻ dit :

وَصَاحِبْهُمَا فِي ٱلدُّنْيَا مَعْرُوفًا

﴾Et accompagne-les ici-bas de façon convenable﴿

Coran, *Luqmân* : 15

En bref, comment peux-tu obéir à ta mère et désobéir à Allah qui t'a créée et a créé ta mère ?

Troisième prétexte

Mes moyens ne me permettent pas de remplacer mes habits par d'autres conformes à la charia

De deux choses l'une, soit notre sœur-ci est véridique et sincère soit elle ment, se dérobe et veut un *Hijâb* qui dévoile ses atours, aux couleurs clinquantes, à la mode et onéreux.

Nous nous adresserons d'abord à notre sœur véridique et sincère : sais-tu, chère sœur, qu'il n'est en aucun cas permis à la femme musulmane de sortir de chez elle, sans que sa tenue vestimentaire réponde aux conditions du *Hijâb* islamique, que toute Musulmane se doit de connaître [1] ?

Toi qui apprends les choses de la vie, pourquoi ne pas apprendre celles qui te préserveront du châtiment d'Allah et de Sa colère après la mort ?

---

1 Voir l'annexe p.39.

Allah n'a-t-Il pas dit :

فَسْـَٔلُوٓاْ أَهْـلَ ٱلذِّكْرِ إِن كُنتُمْ لَا تَعْلَمُونَ

❮ Interrogez donc les gens du Rappel si vous ne savez pas ❯ ?

Coran, *al-Nahl* : 43

Chère sœur, apprends donc les conditions du *Hijâb*.

Si tu dois absolument sortir, ne sors qu'avec le *Hijâb* conforme à la charia, pour satisfaire le Tout-Miséricordieux et avilir le diable. Car le méfait de sortir découverte et de montrer tes atours est plus grand que l'intérêt de sortir pour une nécessité.

Ma sœur, si ton intention est sincère et ta volonté est ferme, un millier de mains bienfaitrices te seront tendues et Allah ﷻ te facilitera les choses. N'a-t-Il pas dit :

وَمَن يَتَّقِ ٱللَّهَ يَجْعَل لَّهُۥ مَخْرَجًا ﴿٢﴾ وَيَرْزُقْهُ
مِنْ حَيْثُ لَا يَحْتَسِبُ

﴿Et quiconque craint Allah, Il lui donnera une issue favorable et le pourvoira par des moyens qu'il n'escomptait pas﴾?

Coran, *al-Talâq* : 2-3

Quant à notre sœur qui se dérobe, nous lui dirons :

on n'accède guère à la noblesse et au rang élevé auprès d'Allah ﷻ par la parure, les couleurs clinquantes et l'imitation des autres. On y accède plutôt en obéissant à Allah ﷻ et à Son Envoyé ﷺ, de même qu'en s'attachant à la charia pure et au *Hijâb* islamique correct. Écoute bien la parole d'Allah ﷻ :

إِنَّ أَكْرَمَكُمْ عِندَ ٱللَّهِ أَتْقَىٰكُمْ

﴿Le plus noble d'entre vous auprès d'Allah est le plus pieux﴾

Coran, *al-Hujurât* : 13

Enfin, sur le chemin de l'agrément d'Allah ﷻ et de l'entrée à Son Paradis, toute chose chère et de valeur, l'âme comme les biens, perd toute considération.

Quatrième prétexte

Je ne supporte pas la chaleur, que dire si je porte en plus le ***H̲ijâb*** !

C'est au sujet de telles choses qu'Allah ﷻ a dit :

قُلۡ نَارُ جَهَنَّمَ أَشَدُّ حَرّٗاۚ لَّوۡ كَانُواْ يَفۡقَهُونَ

﴾Dis : « *Le feu de l'Enfer est d'une chaleur encore plus intense, s'ils comprenaient* »﴿

Coran, *al-Tawba* : 81

Comment peux-tu comparer la chaleur de ce monde à celle du feu de l'Enfer !?

Sache, chère sœur, que le diable t'a piégée dans l'un de ses filets pour te conduire au feu de la Géhenne. Sauve-toi et considère la chaleur du soleil comme un bienfait et non un méfait. Elle te rappelle en effet la dureté du châtiment d'Allah ﷻ qui dépasse de loin cette chaleur. Alors, tu sacrifierais le confort de la vie d'ici-bas pour être sauvée de l'Enfer dont Allah ﷻ dit de ses habitants :

لَّا يَذُوقُونَ فِيهَا بَرْدًا وَلَا شَرَابًا ﴿٢٤﴾ إِلَّا حَمِيمًا وَغَسَّاقًا

﴾Ils n'y goûteront ni fraîcheur ni breuvage, hormis de l'eau bouillante et du pus﴿

Coran, *al-Naba'* : 24-25

Le Paradis est entouré par les désagréments et l'Enfer par les plaisirs !

Cinquième prétexte

Si je m'engage à porter le *Hijâb*, je crains de l'enlever plus tard, car beaucoup l'ont fait.

Si tout le monde pensait comme toi, les gens délaisseraient la religion dans l'ensemble et dans le détail. Ils délaisseraient la prière parce que certains craignent de l'abandonner et délaisseraient le jeûne parce que nombreux sont ceux qui ont peur d'y renoncer, etc.

Vois-tu comment le diable tend à nouveau son piège et te détourne de la voie droite ?

Alors qu'Allah ﷻ aime la constance dans l'obéissance, quand bien même elle serait minime ou recommandée. Que dire s'il s'agit d'un devoir obligatoire tel que le *Hijâb* ?

Le Prophète ﷺ a dit :

أَحَبُّ الْعَمَلِ إِلَى اللهِ أَدْوَمُهُ وَإِنْ قَلَّ

« L'œuvre la plus aimée d'Allah est celle qui est la plus durable, si peu soit-elle[1] ».

Pourquoi ne chercherais-tu pas à connaître les raisons qui ont poussé ces sœurs à délaisser le *Hijâb* pour les éviter et t'empresser d'y remédier ?

Pourquoi ne pas chercher les moyens de rester fermement sur le chemin de la guidée et de la vérité afin de t'y attacher ?

Entre autres moyens, tu peux implorer Allah de préserver l'attachement de ton cœur à la religion, comme le faisait le Prophète ﷺ. La prière et l'humilité te seront également d'une grande aide.

Allah ﷻ a dit :

وَٱسْتَعِينُوا۟ بِٱلصَّبْرِ وَٱلصَّلَوٰةِ ۚ وَإِنَّهَا لَكَبِيرَةٌ إِلَّا عَلَى ٱلْخَٰشِعِينَ

1 Rapporté par al-Bukhârî. NDT.

﴿Et cherchez secours dans l'endurance et la prière, celle-ci est certes lourde, sauf pour les humbles﴾

Coran, *al-Baqara* : 45

Parmi ces moyens figure également la conformité à tous les préceptes de l'Islam, dont le *Hijâb*. Allah ﷻ a dit :

وَلَوْ أَنَّهُمْ فَعَلُوا۟ مَا يُوعَظُونَ بِهِۦ لَكَانَ خَيْرًا لَّهُمْ وَأَشَدَّ تَثْبِيتًا

﴿S'ils avaient fait ce à quoi on les exhortait, cela aurait été certainement meilleur pour eux et les aurait plus conforté (dans leur foi)﴾

Coran, *al-Nisâ'* : 66

Bref, si tu t'en tiens aux facteurs de la guidée et goûtes à la douceur de la foi, tu ne délaisseras point les ordres d'Allah ﷻ après t'y être soumise.

Sixième prétexte

Si je porte le *Hijâb*, personne ne se mariera avec moi !

L'époux qui te veut découverte, montrant tes atours et désobéissante envers Allah ﷻ ne te mérite pas ! Un tel mari n'éprouve aucune jalousie face aux interdits d'Allah ni à ton égard. Il ne t'aidera pas à entrer au Paradis ni à être sauvée de l'Enfer.

Allah ﷻ se fait un devoir de destiner au malheur, ici-bas et dans l'au-delà, le foyer fondé sur la désobéissance à Allah et Son mécontentement. Il ﷻ dit en effet :

وَمَنْ أَعْرَضَ عَن ذِكْرِى فَإِنَّ لَهُۥ مَعِيشَةً
ضَنكًا وَنَحْشُرُهُۥ يَوْمَ ٱلْقِيَٰمَةِ أَعْمَىٰ

﴿ Et quiconque se détourne de Mon rappel mènera certes une vie pleine de gêne, et Nous l'amènerons le jour de la Résurrection aveugle❳

Coran, *T̲â-Hâ* : 124

De plus, le mariage est un bienfait d'Allah ﷻ qu'Il accorde à qui Il veut. Combien de femmes portant le *H̲ijâb* se sont mariées et combien de celles qui ne le portent pas ne se sont pas mariées !

Sache qu'en Islam la fin ne justifie pas les moyens : t'exhiber afin de te marier. Si le but est noble, le moyen doit être pur, car la règle en l'Islam stipule que les moyens ont le même statut que les finalités.

Enfin, Allah ne bénit guère un mariage basé sur la désobéissance et le vice.

Septième prétexte

Je ne porte pas le *Hijâb* car Allah ﷻ dit : ﴾*Quant au bienfait de ton Seigneur, proclame-le.*﴿

« *Pourquoi cacherais-je la chevelure soyeuse et la beauté attrayante dont Allah ﷻ m'a fait don ?* »

Une telle sœur se conforme au Livre d'Allah ﷻ et à Ses ordres tant que ceux-ci vont dans le sens de sa passion et sa façon de voir les choses. Par contre, elle délaisse ces mêmes ordres lorsqu'ils ne lui plaisent pas ! Sinon, pourquoi ne se conforme-t-elle pas à Sa parole ﷻ :

وَلَا يُبْدِينَ زِينَتَهُنَّ إِلَّا مَا ظَهَرَ مِنْهَا

﴾Et qu'elles ne montrent de leurs atours que ce qui en paraît﴿ ?

Coran, *al-Nûr* : 31

Ainsi qu'à Sa parole ﷻ :

يَـٰٓأَيُّهَا ٱلنَّبِىُّ قُل لِّأَزْوَٰجِكَ وَبَنَاتِكَ
وَنِسَآءِ ٱلْمُؤْمِنِينَ يُدْنِينَ عَلَيْهِنَّ مِن
جَلَـٰبِيبِهِنَّ ۚ

﴿ Ô Prophète, dis à tes épouses, à tes filles et aux femmes des croyants de ramener sur elles leurs grands voiles ﴾ ?

Coran, *al-Ahzâb* : 59

Chère sœur, par cette parole, tu t'es prescrite ce qu'Allah عزّ وجلّ a interdit, à savoir se dévoiler et se découvrir. La cause : tu ne désires pas t'engager du point de vue religieux.

La plus grande faveur qu'Allah عزّ وجلّ nous ait accordée est celle de la foi et de la guidée. Alors pourquoi ne montres-tu et ne parles-tu pas des plus grands bienfaits dont Allah t'a gratifiée, notamment le *Hijâb* ?

Tout compte fait, y a-t-il un bienfait plus considérable pour la femme que la guidée et le *Hijâb* ?

Huitième prétexte

Le *H̲ijâb* est obligatoire mais je m'y appliquerai quand Allah m'aura guidée.

Nous interrogeons cette sœur sur les démarches qu'elle a entreprises pour acquérir cette guidance divine.

Nous savons qu'Allah ﷻ – de par Sa sagesse – a déterminé une cause pour chaque chose. Ainsi, le malade prend des médicaments pour se guérir, le voyageur prend son véhicule ou sa monture pour arriver à destination… Les exemples sont innombrables.

Notre sœur a-t-elle sérieusement cherché la guidée ? A-t-elle eu recours à ses facteurs, dont l'invocation d'Allah ﷻ avec sincérité comme Il dit :

ٱهْدِنَا ٱلصِّرَٰطَ ٱلْمُسْتَقِيمَ

﴾Guide-nous dans le droit chemin﴿ ?

Coran, *al-Fâtiha* : 6

A-t-elle fréquenté les pieuses, qui sont le meilleur soutien dans la voie droite ? En outre, elles sont là pour l'aider à persévérer dans celle-ci, afin qu'Allah ﷻ la guide, lui octroie plus de guidée et lui inspire droiture et piété. Dès lors, elle se soumettra à Ses ordres et portera le *Hijâb* qu'Il a ordonné aux croyantes.

En somme, si cette sœur est sérieuse dans la recherche de la droiture, elle mettra en œuvre les moyens d'y parvenir et l'atteindra.

Neuvième prétexte

Je suis encore trop jeune pour le *H̱ijâb*. Quand je serai plus âgée et après le pèlerinage…

Chère sœur, l'Ange de la mort est un visiteur au pas de ta porte. Il n'attend que l'ordre d'Allah ﷻ pour la franchir et te rencontrer à n'importe quel moment.

Allah ﷻ dit :

فَإِذَا جَآءَ أَجَلُهُمْ لَا يَسْتَأْخِرُونَ سَاعَةً وَلَا يَسْتَقْدِمُونَ

﴾Quand leur terme vient, ils ne peuvent le retarder d'une heure ni le hâter﴿

Coran, *al-A'râf* : 34

La mort, chère sœur, ne distingue ni la jeune ni la femme âgée.

Elle peut te surprendre au moment même où tu commets le grave péché de déclarer la guerre au Seigneur, en te dévoilant et en exhibant tes atours.

Chère sœur, accours à l'obéissance avec ceux qui s'y hâtent, en répondant à cet appel d'Allah ﷻ :

سَابِقُوٓا۟ إِلَىٰ مَغْفِرَةٍ مِّن رَّبِّكُمْ وَجَنَّةٍ
عَرْضُهَا كَعَرْضِ ٱلسَّمَآءِ وَٱلْأَرْضِ

﴾Hâtez-vous d'obtenir un pardon de votre Seigneur ainsi qu'un Paradis aussi large que le ciel et la terre﴿

(Coran, *al-Hadîd* : 21)

Chère sœur, n'oublie pas Allah sinon Il t'oubliera en détournant de toi Sa miséricorde, ici-bas et dans l'au-delà. Ne néglige pas les droits d'Allah : l'obéissance et l'adoration, Il t'amènera à oublier ta propre personne !

Allah ﷻ dit à propos des hypocrites :

نَسُوا ٱللَّهَ فَنَسِيَهُمْ

❮ Ils ont oublié Allah et Il les a alors oubliés ❯

Coran, *al-Tawba* : 67

Il ﷻ dit également :

وَلَا تَكُونُوا۟ كَٱلَّذِينَ نَسُوا۟ ٱللَّهَ فَأَنسَىٰهُمْ أَنفُسَهُمْ

❮ Ne soyez pas comme ceux qui ont oublié Allah, Il leur a alors fait oublier leur propre personne ❯

Coran, *al-Hashr* : 19

Ma sœur, oublie ton âge et éloigne-toi de tous les péchés, notamment le non-respect du *Hijâb*. En effet, Allah ﷻ est Dur en punition et Il t'interrogera le jour de la Résurrection sur ta jeunesse et sur chaque instant de ta vie.

Comme l'espoir est tenace ! Comment peux-tu être sûre de vivre jusqu'à demain ?

Dixième prétexte

Si je m'engage à porter la tenue islamique, on m'accusera d'appartenance à un groupe.

Sœur musulmane, en Islam, il n'y a que deux partis, pas un de plus. Allah, le Sublime ﷻ les a cités dans Son Livre saint. Le premier est le parti d'Allah, le soutient dans la mesure où il obéit à Ses ordres et s'éloigne de Ses interdits. Le second est le parti de Satan, le damné, qui désobéit au Tout-Miséricordieux et ne cesse de semer la corruption sur terre.

Lorsque tu t'astreins aux commandements d'Allah – dont le *Hijâb* – tu es du parti d'Allah qui réussira.

Par contre, lorsque tu te découvres et dévoiles tes charmes, tu t'embarques dans la galère de Satan et de ses alliés que sont les hypocrites et les infidèles, et quels mauvais compagnons !

Vois-tu comment tu fuis d'Allah سبحانه وتعالى vers Satan et échanges ce qui est sain par ce qui est mauvais ! Ma sœur, fuis vers Allah et mets en pratique Ses préceptes.

فَفِرُّوٓا۟ إِلَى ٱللَّهِ ۖ إِنِّى لَكُم مِّنْهُ نَذِيرٌ مُّبِينٌ

﴿Fuyez donc vers Allah. Je suis pour vous, de Sa part, un avertisseur explicite﴾

Coran, *al-Dhâriyât* : 50

Par ailleurs, le *Hijâb* est une adoration éminente qui n'est soumise ni aux opinions des gens, ni à leurs directives, ni à leur bon vouloir, car Celui qui l'a légiféré est le Sage Créateur سبحانه وتعالى.

En définitive, dans le but de satisfaire Allah عزّ وجلّ, dans l'espoir de Sa miséricorde et de Son Paradis, n'accorde aucune importance aux dires des diables parmi les hommes et les Jinns. Attache-toi fermement à la Loi divine et suis l'exemple des mères des croyants ainsi que des femmes érudites et vaillantes parmi les Compagnons.

Conclusion

Chère sœur, je vais te parler en toute franchise.

Ton corps est exposé sur le marché du diable, séduisant le cœur des serviteurs : des mèches de cheveux qui apparaissent, des vêtements moulants qui révèlent les courbes de ton corps, des habits courts qui laissent paraître tes jambes, des tenues clinquantes, constellées et parfumées qui provoquent la colère du Tout-Miséricordieux et contentent le diable...

Chaque jour qui passe dans une telle situation t'éloigne davantage d'Allah et te rapproche toujours plus du diable.

Chaque jour, une malédiction du ciel se déverse sur toi, outre un courroux, jusqu'à ce que tu te repentes.

Chaque jour, tu te rapproches de la tombe et l'Ange de la mort s'apprête à saisir ton âme :

كُلُّ نَفْسٍ ذَآئِقَةُ ٱلْمَوْتِ ۗ وَإِنَّمَا تُوَفَّوْنَ
أُجُورَكُمْ يَوْمَ ٱلْقِيَٰمَةِ ۖ فَمَن زُحْزِحَ عَنِ
ٱلنَّارِ وَأُدْخِلَ ٱلْجَنَّةَ فَقَدْ فَازَ ۗ وَمَا
ٱلْحَيَوٰةُ ٱلدُّنْيَآ إِلَّا مَتَٰعُ ٱلْغُرُورِ

« Toute âme goûtera la mort. Mais c'est seulement au jour de la Résurrection que vous recevrez votre entière rétribution. Quiconque donc est écarté de l'Enfer et introduit au Paradis, a certainement réussi. Et la vie présente n'est qu'un objet de jouissance trompeuse »

Coran, *Âl 'Imrân* : 185

Chère sœur, monte dans le train du repentir avant qu'il ne quitte ton quai... Médite, ma sœur, sur cet exposé aujourd'hui, pas demain !

39

Réfléchis-y maintenant avant qu'il ne soit trop tard…

Annexe[1]

Les conditions du *Hijâb* : tenue vestimentaire islamique

1. Couvrir l'ensemble du corps sauf ce qui fait exception.

La majorité des savants disent qu'il s'agit du visage et des mains. Pour le reste du corps, il faut le couvrir entièrement.

2. Ne pas être objet de beauté en soi.

Porter de larges vêtements couvrant le corps ne suffit pas en soi si la tenue vestimentaire constitue une beauté. Il faut donc oublier tout ce qui procure au vêtement de la femme une beauté comme les couleurs vives, les motifs décoratifs, les boutons ou les dentelles, etc.

---

1 Rédigée par les éditions al-Hadîth. NDT.

3. Ne pas être transparent ou laissant paraître les formes et les contours ou dessinant les formes du corps.

Le Prophète ﷺ nous informe que des femmes seront vêtues mais nues en réalité. Cela signifie qu'elles porteront des vêtements, mais que ceux-ci seront trop légers et décriront les formes du corps sans les couvrir.

4. Ne pas être parfumé.

Cela fait partie de l'exhibition qui a été interdite à la femme. D'ailleurs, de nombreux hadiths authentiques ont été rapportés stipulant l'interdiction pour la femme de se parfumer en présence d'hommes étrangers.

5. Ne pas ressembler aux vêtements masculins ni à ceux des non-Musulmanes.

L'imitation des hommes et des non-Musulmanes est une grande interdiciton et un péché capital, qui attire sur soi la malédiction.

6. Il ne doit pas y avoir de croix.

Rechercher la bénédiction de la croix, la fabriquer, la porter et l'utiliser comme embellissement, font partie des habitudes des polythéistes, en l'occurrence les Chrétiens. Or, il nous a été demandé de nous différencier d'eux.

7. Il ne doit pas y avoir de représentation figurée.

Il y a deux raisons à cela. La première est que le vêtement ne doit pas être une beauté en soi. Or, s'il y a des représentations, même de choses telles que des fleurs, des arbres ou d'autres motifs, cette condition n'est plus remplie.

La seconde est l'interdiction de représenter des êtres vivants et de porter des vêtements avec ces représentations plus particulièrement.

8. Être confectionné à partir d'une matière pure et licite.

Il n'est pas permis de porter ce qui est, de manière sûre et certaine, tissé à partir d'une chose impure.

9. Ne pas inciter à l'orgueil et à la vantardise.

Il est permis de porter de « beaux » vêtements et de belles chaussures tant que cela n'engendre pas l'orgueil et qu'on ne les porte pas par vanité, dès lors cela devient interdit.

10. Il ne doit pas y avoir d'excès.

Allah ﷻ a interdit l'excès. Cela ne se limite pas seulement à la nourriture et à la boisson, mais concerne bien toute chose. Il est question de gaspillage et d'exagération sans aucune raison ou dans la désobéissance.

11. Ne pas porter de vêtement de renom.

C'est le fait de porter une tenue pour sa différence, ce qui pousse les gens à y porter le regard, saisissant la personne d'orgueil et de vanité. C'est aussi porter un vêtement cher et prestigieux ou un habit modeste – comme celui des ascètes – ou un vêtement différent de celui des autochtones ou de mettre une tenue étant celle d'une époque antérieure, etc.[1]

---

1 Pour de plus amples détails, voir : « *Ma sœur ! Voilà comment Allah et Son Messager veulent que tu sois !* » de 'Amr 'Abd al-Mun'im Salîm, éditions al-Hadîth. NDT.

Table des matières